Alessandra Mirabile

Die Türkei vor den Toren Europas

Wie sich die öffentliche Debatte um einen Türkeibe gestaltet hat

GRIN - Verlag für akademische Texte

Der GRIN Verlag mit Sitz in München hat sich seit der Gründung im Jahr 1998 auf die Veröffentlichung akademischer Texte spezialisiert.

Die Verlagswebseite www.grin.com ist für Studenten, Hochschullehrer und andere Akademiker die ideale Plattform, ihre Fachtexte, Studienarbeiten, Abschlussarbeiten oder Dissertationen einem breiten Publikum zu präsentieren.

Dokument Nr. V136615 aus dem GRIN Verlagsprogramm

Alessandra Mirabile

Die Türkei vor den Toren Europas

Wie sich die öffentliche Debatte um einen Türkeibeitritt in Deutschland gestaltet hat

GRIN Verlag

Bibliografische Information Der Deutschen Bibliothek: Die Deutsche
Bibliothek verzeichnet diese Publikation in der Deutschen Nationalbibliografie;
detaillierte bibliografische Daten sind im Internet über http://dnb.ddb.de/
abrufbar.

1. Auflage 2009
Copyright © 2009 GRIN Verlag
http://www.grin.com/
Druck und Bindung: Books on Demand GmbH, Norderstedt Germany
ISBN 978-3-640-44989-7

Die Türkei vor den Toren Europas

Wie sich die öffentliche Debatte um einen Türkeibeitritt in Deutschland gestaltet hat

<u>PROSEMINARARBEIT</u>

Zur Erlangung eines Zeugnisses aus
"Einführung in die Politik der Europäischen Union II"

Fachbereich Politikwissenschaft und Soziologie
Kultur- und Gesellschaftswissenschaftliche Fakultät
der Paris-Lodron- Universität Salzburg

von
Mirabile Alessandra

Salzburg, 15. Juli 2009

I. INHALTSVERZEICHNIS

II. ABBILDUNGSVERZEICHNIS

III. ABKÜRZUNGSVERZEICHNIS

BDI – Bundesverband der Deutschen Industrie

CDU - Christlich Demokratische Union Deutschlands

CSU – Christlich Soziale Union

EU – Europäische Union

EWR – Europäischer Wirtschaftsraum

IWF – Internationaler Währungsfonds

SPD – Sozialdemokratische Partei Deutschlands

1

1. Einleitung

Ziel der vorliegenden Arbeit ist es darzustellen, welche Einstellungen die Deutschen bezüglich eines möglichen künftigen Beitritts der Türkei zur Europäischen Union vertreten. Es wird gezeigt werden, wie umstritten der Beitritt der Türkei in der Bundesrepublik Deutschland sowohl in den politischen Parteien als auch in der Öffentlichkeit diskutiert und erörtert wird: „Satte Polemik und flammende Plädoyers findet man ebenso wie neutrale Problemskizzen"(Leggewie 2004, 11).

Darüber hinaus ist es beachtenswert, dass Befürworter und Gegner eines Beitritts der Türkei nicht in einer oder in der anderen parteipolitischen Fraktion zu identifizieren sind, sondern dass die „Konfliktbewegungen" quer durch die Parteien verlaufen – sowohl in der CDU als auch in der SPD findet man Stimmen, die für eine Türkei-Beitritt plädieren, neben solchen, die dagegen sprechen (Große Hüttmann 2005, 35).

Die Positionen, die die Befürworter sowie die Gegner eines Beitritts der Türkei in der Folgezeit eingenommen haben, lassen sich durch vier Faktoren bestimmen:(1) das besondere Verhältnis zwischen Deutschland und der Türkei aufgrund der beträchtlichen türkischen Minderheit und der wachsenden Anzahl ansässiger Türken in Deutschland; (2) die Rolle Deutschlands als größtes Mitgliedsland der EU; (3) die Beziehungen zwischen der Bundesrepublik und den europäischen Kernstaaten wie Frankreich und Großbritannien einerseits und das Verhältnis Deutschlands zu den Vereinigten Staaten andererseits und schließlich (4) die innen- und parteipolitische Debatte zwischen Regierung und Oppositionen und die damit gebundene Konkurrenz um neue Wählerschichten (Leggewie 2004, 197).

Die Debatte in Deutschland hat auch in der Türkei erhebliche Aufmerksamkeit erregt; in diesem Zusammenhang hat der türkische Ministerpräsident Erdogan der Bundesrepublik eine Schlüsselfunktion beigemessen:

> „[…]Wir erwarten, dass sich unsere europäischen Freunde nur genauso viel Gedanken über den Gewinn aus einer Mitgliedschaft der Türkei machen, wie sie es mit den Risiken getan haben. In dieser Hinsicht erwarten wir von Deutschland besondere Unterstützung. Deutschland soll beim Beitrittsprozess der Türkei die politische Führungsrolle übernehmen […]"[1] (Erdogan, Interview 31.8.2003).

Während sich in den 1980er und 1990er Jahren die Türkeidebatte in Deutschland auf einen engen fachwissenschaftlichen Kreis beschränkte, erfasste sie im Zusammenhang mit dem Europäischen Rat von Helsinki im Dezember 1999, anlässlich dessen die Staats- und Regierungschefs der EU dem Erweiterungsprozess um zehn mittel -und osteuropäische Länder eine konkrete zeitliche Perspektive gegeben hatte, auch Politik und öffentliche Meinung. Im Vorhinein des europäischen Gipfels in Kopenhagen im Dezember 2002 erlebte die Diskussion eine Ausweitung und wurde von da an in der politischen Öffentlichkeit und in den europäischen Medien „entscheidungsorientiert" geführt.

---

1. Zitiert nach: Grosse Hüttmann, Martin (2005) S. 35

In diesem Zusammenhang hat das Interview von Valéry Giscard d'Estaing mit *Le Monde* vom 9. November 2002 entscheidend zu einer medialen „Europäisierung" dieses Themas beigetragen. Seine provokative Aussage, dass ein Beitritt der Türkei das Ende der Union darstellen würde, hat europaweit große Aufregung und erhebliche Debatten über die Türkeifrage entfacht und dadurch zu einer europäischen „Medialisierung" dieses Themas beigetragen. Selbst als die damalige türkische Regierung 1987 ihren Antrag für einen EU-Beitritt in Brüssel vorgelegt hatte, erreichte dieses Thema noch nicht die breite Öffentlichkeit – nicht nur in Deutschland, sondern auch in den anderen Ländern der Gemeinschaft schien ein Türkeibeitritt noch nicht als politisch relevante Frage betrachtet zu werden. Erst nach dem Gipfel von Kopenhagen 2002 wurde die öffentliche Auseinandersetzung um einen möglichen Beitritt der Türkei zur Europäischen Union politisch heikler und zum Teil polemischer geführt (Große Hüttmann 2005, 35).

Die Informationsbeschaffung – und Vermittlung sowie die Einteilung der politischen Entwicklungen in bestimmte Zusammenhänge haben deshalb die Massenmedien übernommen. Da die vorwiegende Mehrheit der Bürger ihre Informationen über die Türkei aus den Medien erfahren, spielen die Medien bei der Gestaltung des Türkeibildes in den türkisch-deutschen aber auch in der europäisch-türkischen Beziehung eine bedeutende Rolle. In diesem Zusammenhang fungieren die Medien als „Wortführer" politischer und sozialer Realität und haben eine Thematisierungsfunktion übernommen. Der Öffentlichkeit wird damit die Möglichkeit geboten, sich eine auf Tatsachen und umfassenden Hintergrundinformationen beruhende eigene Meinung in Bezug auf die Frage eines möglichen Türkeibeitritts zu bilden.

1.1. Gliederung und Fragestellung

Im Mittelpunkt dieser Arbeit steht die Analyse der deutschen Debatte um Chancen und Risiken einer möglichen Aufnahme der Türkei anhand des sogenannten „Framing"- Ansatzes. Dieser Ansatz beruht auf der Untersuchung konkurrierender Problemdeutungen, die in der Vorarbeit und Vorbereitung von politischen Entscheidungen eine wesentliche Rolle spielen, da sie gewisse Perspektiven einer vielschichtigen sozialen Realität in den Vordergrund rücken und andere dadurch ignorieren: „[...] Framing essentially involves *selection* and *salience*. To frame is to select some aspects of a perceived reality and make them more salient in a communicating text, in such a way to promote a particular problem definition, causal interpretation, moral evaluation, and/or treatment recommendation for the item described. Typically frames diagnose, evaluate, and prescribe[...]". (Entman 1993, 52)

Welche Aspekte in den Mittelpunkt der Argumentation für oder gegen einen Türkeibeitritt gestellt worden sind, soll im Folgenden näher beleuchtet und analysiert werden. Der „Framing" Ansatz hat

mir dabei geholfen, die übergeordneten „Rahmen", in denen die Beiträge und Argumente in der Polemik um einen Türkeibeitritt vorgebracht werden, zu unterscheiden. Dabei lassen sich drei dieser „frames" erkennen: ein ökonomischer, ein kulturalistischer und ein sicherheits-politischer. Im ersten und zweiten Teil werden zuerst die Argumente der Skeptiker und dann die der Befürworter beleuchtet werden. Im dritten Teil werden die Meinungen der Deutschen zu einem möglichen Beitritt der Türkei zur EU anhand Eurobarometerdaten und Eurobarometer-Befragungen aus dem Jahr 2006 vorgestellt. Die zentrale These, die in der vorliegenden Arbeit erörtert werden soll, lautet wie folgt: obwohl sich die Türkeifrage vorwiegend als außen- und europapolitische Frage darstellt, wird sie in Deutschland seit 2003 stärker als in den vergangenen Jahren unter innen- und wahlpolitischen „Zeichen" von den politischen Parteien diskutiert und auf deren Grundlage in die Öffentlichkeit übertragen: „Außenpolitik" und „Innenpolitik" sind damit auch bei diesem Thema eng miteinander verflochten.

2. Was spricht gegen einen Beitritt der Türkei

Zu den wichtigsten Argumenten gegen einen Türkeibeitritt in die EU und die entsprechenden „frames" gehören (Leggewie 2004,17):

a) eine Aufnahme der Türkei würde einen kulturellen Identitätsbruch bedeuten und die künftige Vertiefung der europäischen Integration in Frage stellen;

b) der türkische Beitritt würde wegen ihrer „nicht-westlichen" politischen Kultur einen „Zusammenprall der Kulturen" verursachen;

c) die geografische Nachbarschaft der Türkei zu den Krisenregionen im Nahen Osten und Kaukasus würde ein Sicherheitsrisiko für die EU implizieren.

2.1. Ein Beitritt der Türkei in die EU als Ende des europäischen Integrationsprojekts

Zwei Historiker – der Bielefelder Sozialhistoriker Hans-Ulrich Wehler und der Berliner Zeithistoriker Heinrich August Winkler –, denen eine „gewisse Nähe zur rot-grünen Regierung" (Leggewie 2004, 150) unterstellt wird, haben die Debatte um die Türkeifrage angestoßen und maßgeblich geprägt (Große Hüttmann 2005, 37). Sollte die Türkei in die EU aufgenommen und einbezogen werden, sieht Wehler den „Untergang" des europäischen Integrationsprozesses erreicht:

> „[...]Käme es trotz aller erdrückenden Gegenargumente dennoch zur Eröffnung von Beitrittsverhandlungen mit diesem muslimischen Großland, würde sich eine Euroskepsis ausbreiten, die nicht nur den modus operandi der europäischen Politik von Grund auf in Frage stellen, sonder die Ligaturen der EU sprengen würde. Den Zauberlehrlingen der Aufnahmebefürwortung verginge dann zwar endlich Hören und Sehen, doch, weit wichtiger, das Projekt einer Einigung wäre tödlich gefährdet[...]" (Wehler 2002).

4

Nicht so scharf im Ton, aber de facto ebenso dezidiert spricht sich der Historiker Winkler

gegen den Türkeibeitritt aus, weil er die kollektive Identität Europas unterminiert sieht:

„[...]Eine politische Union verlangt ein europäisches Wir-Gefühl. Dieses setzt gemeinsame
historische Erfahrungen und Prägungen voraus. Solche Gemeinsamkeiten gab es in der
Europäischen Wirtschaftsgemeinschaft (EWG), aus der die Europäische Union
hervorgegangen ist [...]Eine EU, die auch die Türkei umfasst, könnte an ein europäisches
Gefühl nicht mehr appellieren. Dazu sind die kulturellen Prägungen der Türkei und Europas
zu unterschiedlich [...]" (Winkler 2002b).

Im Rahmen der parteipolitischen Debatte spielt diese Argumentation eine wesentliche Rolle.

Anlässlich des Europäischen Rats von Helsinki plädieren die CDU-und CSU Abgeordneten des

Europäischen Parlaments dafür, der Türkei anstelle einer Vollmitgliedschaft ein alternatives

niederschwelliges Beitrittsangebot im Rahmen einer Zusammenarbeit im Bereich Jugendaustausch

oder Forschungspolitik zu unterbreiten; eine Vollmitgliedschaft der Türkei würde zu einer

„Begrabung" des europäischen Projekts führen (Große Hüttmann 2005, 37).

Auch der bayerische Ministerpräsident Edmund Stoiber, der in den 1990er Jahren eine ausgewiesene

Skepsis gegenüber einer fortschreitenden Integration bewies, zeigt seine Sorge bezüglich der

Aufnahme der Türkei:

„[...]"Ein EU-Beitritt der Türkei kommt nicht in Frage. Ich bin überzeugt, dass es nicht zu einem

Beitritt der Türkei zur EU kommen wird. Er würde angesichts der Größe und wirtschaftlichen

Situation des Landes, aber auch in gesellschaftlicher und kultureller Hinsicht die Aufnahmefähigkeit

der EU überfordern [...] Die EU muss ein klares Stopp-Schild aufstellen und Alternativen zur

Vollmitgliedschaft immer neuer Beitrittskandidaten entwickeln[...]"(Schiltz 2006). Bei Vertretern

der SPD finden sich analoge Argumente. Der ehemalige Generalsekretär der SPD und Vertreter der

Bundesregierung im Europäischen Verfassungskovent, Peter Golz, behauptet dass „[...] jeder

Europäischer Realist weiß, dass eine Europäische Union, deren demographisch stärkster Staat die

Türkei wäre, niemals zu einer gemeinsamen Außen-, Verteidigungs- und Währungspolitik fände[...]"

(Golz 2003, 6).

2.2. Die „Andersheit" der Türkei in politischer Hinsicht

Eine weitere umstrittene Frage, die eng mit den obengenannten Argumenten zusammenhängt, wäre,

ob die Türkei in Anbetracht ihrer politischen Kultur als ein „westliches Land" betrachtet werden

kann. Der Berliner Historiker Winkler sieht in den erheblichen Unterschieden der politischen

Kulturen der EU-Mitgliedstaaten und der Türkei die bedeutendsten Schwierigkeiten und „Barrieren"

für einen Beitritt:

„[...] Noch immer leidet die Türkei an den Folgen der nationalen Zwangshomogenisierung und der

Zwangssäkularisierung in der ersten Hälfte des 20.Jahrhunderts.[...] Die Schwäche der

demokratischen Kultur und der Zivilgesellschaft sind ein Ergebnis der Art und Weise, wie im

5

20.Jahrhundert Staat und Religion voneinander getrennt worden sind. „Die Modernisierung von oben" unter Kemal Atatürk habe, so Winkler zu einer „Teilverwestlichung im doppelten Sinne" geführt: „[…] Zum einen hat sich nur ein Teil des Landes, der westliche und urbane, dem Westen geöffnet, während sich im östlichen, überwiegend ländlichen Anatolien traditionelle Denkweisen und Strukturen behaupten konnten. Zum anderen ist auch die Öffnung gegenüber dem Westen eine unvollkommen geblieben[…]. Die Türkei habe, so Winkler, […] ganze Gesetzbücher aus europäischen Ländern übernommen, aber nicht das, was Montesquieu den ‚Geist der Gesetze' genannt hat. Wenn irgendwo der Begriff ‚formale Demokratie' zutrifft, dann in der Türkei[…]'" (Winkler 2003).

In einem anderen in der „Zeit" veröffentlichten Beitrag argumentiert Winkler, die Türkei habe es bisher nicht geschafft, eine Zivilgesellschaft zu entwickeln und die Grundlage für eine politische Liberalisierung (Winkler 2002a). Die Argumentation, dass der politische „Status Quo" der Türkei inkompatibel mit dem der EU-Mitgliedstaaten ist, taucht immer wieder in Beiträgen von Politikern auf; hier wird allgemein – nicht immer so explizit - hervorgehoben, dass die Türkei stark islamisch geprägt sein und aus diesem Grund eine Aufnahme in die EU nicht erstrebenswert sei (Große Hüttmann 2005, 40).

2.3. Befürchtete sicherheitspolitische Folgen der Aufnahme der Türkei

Ein häufig wiederkehrendes Argument gegen eine Aufnahme der Türkei dreht sich um die möglichen sicherheitspolitischen Auswirkungen ihrer geographischen Position. Ihre Nachbarschaft zu den Krisenregionen des Nahen und Mittleren Ostens und des Kaukasus sowie zu Syrien, zum Iran und Irak würde, so die Abwägungen der Skeptiker, die Gemeinsame Außen -und Sicherheitspolitik der EU so stark beeinflussen, dass die EU selbst zu einer „nah/ mittelöstlichen Macht" werden würde (Kramer 2003,20).

Zusätzlich zu der Nachbarschaft der Türkei zu den genannten Krisengebieten sieht Altbundeskanzler Helmut Schmidt (SPD) das „Problem des unterdrückten 20 Millionen-Volkes der Kurden" als Argument für die besonderen türkischen Interessen, aus denen eine politische Dynamik resultieren würde, die bei einer Mitgliedschaft der Türkei in der EU unkontrollierbar wäre:

„[…] Die sich durch die Jahrzehnte hinziehende Gegnerschaft Russlands (deshalb seinerzeit der Beitritt der Türkei zur Nato), die verständliche Feindschaft der Armenier oder die zu erwartenden strategischen Auseinandersetzungen über Rohrleitungen und Häfen für Öl und Gas aus Zentralasien komplettieren die Umrisse der geopolitischen Interessen Ankaras. Wer diese Interessen in den Rahmen einer ‚gemeinsamen Außen- und Sicherheitspolitik' der EU einfügen wollte, der könnte in einer Krise den Zusammenbruch der EU riskieren[…]" (Schmidt, 2002).

6

Nach diesem Überblick über die wichtigsten Argumente, die in der politischen und öffentlichen Debatte gegen eine Aufnahme der Türkei in die EU vorgebracht werden, sollen im Folgen die Argumente für einen Beitritt der Türkei näher beleuchtet werden.

3. Pro-Argumente

Die am häufigsten angebrachten Argumente, die von Seiten der Befürworter zugunsten eines Beitritts der Türkei vorgebracht werden, können auf die folgenden Rechtfertigungen zurückgeführt werden (Leggewie 2004, 17):

a) ein Türkeibeitritt würde der europäischen und insbesondere der deutschen Wirtschaft riesige Wachstumsmöglichkeiten bieten und die EU als ökonomische Macht stärken;

b) die Türkei hätte ein großes Potential für die Vereinbarkeit von Islam und Demokratie und würde eine Brücke zwischen dem Westen und dem Nahen Osten darstellen;

c) der Türkeibeitritt würde zu einer Pazifizierung der nahöstlichen und kaukasischen Krisengebieten beitragen und die Rolle der EU in geostrategischem Hinblick stärken.

3.1. Mögliche ökonomische Chancen infolge eines Türkeibeitritts

Einige Verfechter des Türkeibeitritts rücken die ökonomischen Chancen, die die Aufnahme der Türkei vor allem für die deutsche Wirtschaft mit sich bringen würde, in den Vordegrund. Im Dezember 2002 veröffentlichte der Bundesverband der Deutschen Industrie (BDI) ein Papier, das die bisherige ökonomische Zusammenarbeit zwischen der EU und der Türkei und die Erwartungen und zukünftige Perspektiven und Aussichten näher beleuchtet. Es wird argumentiert, dass überwiegend die deutsche Wirtschaft von einem Beitritt der Türkei profitieren könnte, weil die wirtschaftlichen Beziehungen zwischen der Bundesrepublik und der Türkei heutzutage aufgrund der Anwesenheit von über 1000 Unternehmen mit deutscher Kapitalbeteiligung und der Tätigkeit von zirka 40.000 türkischen Unternehmen in Deutschland sehr eng sind und durch eine komplette Einbeziehung in den Binnenmarkt starke Antriebe zu erwarten wären (Papier BDI 2002, 2).

Außerdem könnte die Türkei für die EU einen strategischen „Partner in den Regionen des Nahen und Mittleren Ostens sowie in Zentralasiens" darstellen und deshalb zu einem „Wachstumsmotor für die gesamte Europäische Union" werden. Zusätzlich zu den potentiell positiven eingeschätzten Perspektiven für die EU und insbesondere für Deutschland- infolge eines Beitritts- werden auch die möglichen Aussichten für die Wirtschaft der Türkei durch einen Beitritt als Argument angebracht:

„[…] Eine klare europäische Perspektive könnte die Reformkräfte in der Türkei stärken und zur Überwindung der strukturellen Ungleichgewichte in der türkischen Wirtschaft beitragen. Wenn die Türkei den Empfehlungen des Internationalen Währungsfonds (IWF) und der OECD folgt und die notwendigen Strukturreformen sowie die Privatisierung

vorantreibt, könnte das Land auf einen dynamischen Wachstumspfad einschwenken[...]" (Papier BDI 2002, 2).

Der BDI-Präsident Michael Rogowski plädierte im Juni 2004 in einem in der Zeitung *Welt* erschienenen Beitrag für mögliche Etappen auf dem Pfad der Türkei nach Europa:

„[...] Eine klare europäische Perspektive fördert die wirtschaftliche Stabilisierung der Türkei.[...] Deutschland ist mit Abstand der wichtigste Wirtschaftspartner. Weiteres Potenzial, etwa bei der Erschließung von Energiequellen und beim Ausbau der Infrastruktur, verspricht Nutzen für beide Seiten[...]. Deshalb läge es im Interesse deutscher und türkischer Unternehmen, wenn möglichst bald ein gemeinsamer Wirtschaftsraum zwischen der EU und der Türkei gebildet würde[...]. Ein Vorbild für eine solche Konstruktion könnte der Europäische Wirtschaftsraum (EWR) sein, der auch schon Österreich, Schweden und Finnland den Weg in die Europäische Union geebnet hat. Dieser Zwischenschritt könnte die Beitrittsperspektive der Türkei glaubwürdig untermauern[...]" (Rogowski 2004).

Rogowski argumentiert weiters, dass die EU einen Türkeibeitritt ermöglichen sollte, wenn die erforderlichen Beitrittskriterien erfüllt sind. Meiner Ansicht nach ist dieses Argument alles andere als einwandfrei: Können sich wirklich alle Länder um eine EU-Mitgliedschaft bewerben, Beitrittsverhandlung aufnehmen und letztlich der EU offiziell beitreten, sofern sie die formellen politischen und wirtschaftlichen Kriterien von Kopenhagen[2] erfüllen?

3.2. Die Türkei als Brücke zwischen Westen und Osten

Im Rahmen der Türkei-Debatte spielt die Brücken-Metapher eine zentrale Rolle. Wer aus sicherheitsstrategischen Gründen heraus für einen türkischen Beitritt argumentativ plädiert, der tut dies am meisten unter Berücksichtigung dieser Metapher.

Auch der ehemalige Bundesaußenminister Joschka Fischer betonte in einem in der Zeitung *Der Spiegel* veröffentlichten Interview, dass die Türkei „[...]eine Brückenfunktion zwischen den islamischen Gesellschaften und den westlichen Demokratien erfüllen[...]" (Fischer, Interview Der Spiegel 3.5.2004) könne.

Ähnlich argumentierte der türkische Ministerpräsident Recep Tayyip Erdogan, sein Land

„[...]wird eine ideale Brücke zwischen den Zivilisationen sein. Worum es heute geht, ist die Globalisierung des Friedens. Die Türkei ist in diesem Prozess eine der wichtigsten Kräfte. Die Türkei hat die Demokratie wirklich verinnerlicht. Sie verbindet die Werte der Religion mit Demokratie und Laizismus. Deshalb wird sie zur Überwindung der psychologischen Gegensätze zwischen den Kulturen beitragen[...][3](Erdogan, Interview Der Spiegel 4.10.2004).

---

2. Am 22.Juni 1993 legte der Europäischen Rat in Kopenhagen die drei wichtigsten formellen Kriterien für einen Beitritt der mittel- und osteuropäischen Länder zur EU fest: 1) ein politisches Kriterium – die Bewerberländer müssen über stabile Institutionen als Garantie für Demokratie und Rechtsstaatlichkeit, die Achtung der Menschenrechte sowie den Schutz von Minderheiten verfügen; 2)ein wirtschaftliches Kriterium – funktionierende Marktwirtschaft und Fähigkeit, dem Wettbewerbsdruck und den Marktkräften innerhalb der Union standzuhalten.; 3) die Übernahme des Gemeinschaftlichen Besitzstandes seitens der Beitrittsländer.
3. Zitiert nach: Jochen, Walter (2008), S.200

8

Zusätzlich zur Brücken-Metapher wird in diesem Zusammenhang auch auf die „Vorbild-Vermittler-Funktion" der Türkei Bezug genommen (Jochen 2008,200). Mit der Argumentation, dass eine Vollmitgliedschaft der Türkei in der EU die Manifestation der universalistischen Werte der Demokratie und Rechtstaatlichkeit belegen, und dass diese auf die türkischen Nachbarländer ausstrahlen würden, vertreten die Befürworter eines Beitritts der Türkei eine Variante der „Dominotheorie", die in der Zeit des Kalten Krieges entstand, als man davon ausging, der Kommunismus breite sich auf immer mehr Staaten aus. (Große Hüttmann, 2005.42).

Unter Berücksichtigung dieser Dominotheorie würde die türkische EU-Mitgliedschaft unter dem Gesichtspunkt einer globalstrategischen Relevanz für die friedliche Entwicklung der Welt (Kramer 2003,27) von Vorteil sein. So argumentierte der damalige Staatsminister im Auswärtigen Amt Hans Martin Bury (SPD) in der Bundestagdebatte bezüglich der Ergebnisse des im Dezember 2002 in Kopenhagen stattgefundenen Europäischen Rates:

> „[...] Wenn es gelingt, dass ein islamisch geprägtes Land den Weg der Demokratie, der Meinungsfreiheit, der Achtung und Verteidigung der Menschenrechte, der Gleichberechtigung von Männern und Frauen, der Trennung von Religion und Staat, der Rechtstaatlichkeit und der sozialen Marktwirtschaft erfolgreich geht, dann wird das für Europa und weit über Europa hinaus von unschätzbarem Wert für Frieden, Freiheit und Sicherheit in der Welt sein[...]" (Bury 2002, Wortmeldung, Stenographischer Bericht des Deutschen Bundestages, 19.12.2002, 1203).

Verbunden mit der türkischen Vorbild-Funktion ist ein „pädagogisch-zivilisatorischer Diskurs" (Jochen 2005,200), wobei die Türkei als Beispiel vorgebracht wird, das sich die anderen islamischen Staaten zum Leitbild nehmen könnten (Jochen 2005,200). In diesem Sinne argumentiert Heribert Prantl von der *Süddeutschen Zeitung* wie folgt:

> „[...]Das Projekt Türkei ist ein Leuchtturmprojekt für den Orient. Ex occidente lux. Ein westlicher Staat mit islamischer Bevölkerung wäre das Gegenmodell zum Kampf der Kulturen. Eine Euro-Türkei wäre Symbol dafür, dass Demokratie und Menschenrechte keine christlichen Veranstaltungen sind. Eine Euro-Türkei wäre ein Projekt gegen den islamischen Fundamentalismus, und sie wäre ein Projekt auch der Stabilisierung der Gesellschaft Westeuropas[...]" (Prantl 2004).

3.3. Pazifizierung der Krisenregionen und strategische Stärkung der Europäischen Union

Die Verfechter eines Türkeibeitritts erläutern, dass eine in der EU verankerte Türkei als Liaison zwischen „Morgenland" und „Abendland" fungieren und zur Stabilisierung der Nachbarschaft der Union im östlichen Mittelmeerraum und den Regionen des Kaukasus und des mittleren Ostens beitragen könne (Große Hüttmann 2005, 42). Darüber hinaus könnte eine stabile, nach abendländischen Idealen gestaltete Türkei eine bedeutend stärker stabilisierende Auswirkung für die Region haben als ein von der Union isolierter Partner. So der Direktor des Deutschen Orient-Instituts, Udo Steinbach:

„[...] Einer Türkei, die in die EU wächst, wird diesbezüglich eine große Chance gegeben. Ein Islam ein einem demokratisch verfassten Land als Teil der EU würde eine enorme Ausstrahlung in die islamische Welt entfalten. Dies wäre auch ein positives und konstruktives Signal mit Blick auf die Verankerung des Islam in die Gesellschaften der EU selbst, in denen nichtmuslimische Minderheiten und muslimische Minderheiten um die Fragen zu ringen begonnen haben, ob und wie ein bekennender Muslim einen Platz im demokratischen, sekulären und pluralistischen Europa der Zukunft haben kann[...]" (Steinbach 2000, 59).

Im ähnlichen Sinne stellt Steinbach fest, dass die Türkei einen stabilisierenden Faktor in der Region sein könnte und die EU als internationalen Global Player stärken würde:

„[...]Die außenpolitischen Entscheidungen der Regionalmacht Türkei berühren die sicherheits- und wirtschaftspolitischen Interessen der EU unmittelbar. Vielmehr geht es um die Zukunft des politischen Akteurs EU im internationalen System; womit im gegebenen Kontext die Beziehungen zur islamischen Welt gemeint sind. Eine demokratische und entwickelte Türkei- in Geschichte und Kultur wesentlich geprägt von der islamischen Religion und zugleich modernen europäischen Werten verpflichtet sowie in die Institutionen der EU integriert - hätte weitreichende Auswirkungen auf jene islamische Nachbarschaft[...] Zum ersten Mal ist die Türkei heute tatsächlich jene Brücke, von der in der Vergangenheit so viel die Rede war. Denn zum ersten Mal hat sie wirklich zwei Pfeiler: einen in Europa und- als nunmehr islamisch-demokratisches System - einem in der islamischen Welt[...]" (Steinbach 2004, 5).

Die Verfechter eines Beitritts ziehen daraus die Schlussfolgerung, dass die EU ihr strategisches Potential durch die Vollmitgliedschaft der Türkei bedeutend vergrößern und stärken würde. Angesichts breit gefächerter Interessen der EU an einer dauernden Stabilisierung ihrer regionalen Nachbarschaft wäre ein Türkeibeitritt vorteilhaft

4. Darstellung der Einstellungen der Deutschen zu einem möglichen Türkei-Beitritt anhand von Eurobarometerdaten- und Befragungen.

4.1.Einfuehrung

Im folgenden Teil der vorliegenden Arbeit werden die Meinungen der deutschen Bevölkerung zur Aufnahme der Türkei in die EU und die Wahrnehmung des Beitrittslands auf Basis von Eurobarometer-Umfragedaten aus dem Jahr 2006 dargestellt werden. Die Analyse dieser Daten zeigt, dass die Stellungnahme zur Türkeifrage nicht unmittelbar mit dem „Vertrauen zur Bundesregierung" (Schoen 2008,68) oder mit den Leistungsurteilen über die Institutionen der EU zusammenhängt. Eine bedeutende Rolle spielen die Offenheit für neue EU-Mitgliedstaaten, vor allem aber Vorstellungen von den Grenzen Europas sowie von den Auswirkungen eines Beitritts. Ostdeutsche befürchten die kulturelle Verschiedenheit zwischen Europa und der Türkei sowie die sicherheitspolitischen Implikationen eines Beitritts. Bei den Westdeutschen sind die empfundenen historischen Abgrenzungen sowie vermutete Zuwanderungsströme Aspekte von relevanter Bedeutung (Schoen 2008, 68).

Die Berücksichtigung der öffentlichen Meinung bezüglich der hoch umstrittenen und brisanten Türkeifrage ist meiner Ansicht nach von wichtiger Bedeutung. Ohne genaue Kenntnis der Einstellungen zum Beitritt der Türkei würde es sich nicht einschätzen lassen, in welchem Maße und unten welchen Faktoren sich die Öffentlichkeit zugunsten eines türkischen Eintritts verlagern und mit welchen Argumenten sie in diese Richtung beeinflusst werden kann. In diesem Zusammenhang sollten die politischen Akteure und Entscheidungsträger gewährleisten, dass ein solcher Erweiterungsschritt in Harmonie mit den Bürgern und der öffentlichen Meinung und nicht dagegen verwirklicht werden sollte.

4.2. Methoden, Maßstäbe und Vorgehensweisen der Analyse

Als empirisches Fundament für die Analyse dienen die aus dem Eurobarometer 66 herausgenommenen Daten, die im Jahr 2006 erhoben wurden. Die Befragten wurden zufällig auf Basis eines mehrstufigen Auswahlverfahrens über sample points, random route und Geburtstagsmethode ausgewählt. Die Analyse wurde anhand einer Reihe von Variablen und Hilfsindikatoren durchgeführt. Eine erste Variable zeichnet sich dadurch aus, ob ein Befragter die Türkei in geographischer Hinsicht zum Teil Europa zuordnet (*Geographie*). Ein zweiter Maßstab misst, in welchem Maße die Türkei aufgrund ihrer Geschichte zu Europa gehört (*Geschichte*). Drittens wird eine Variable benützt, die erfasst, ob die Befragten zwischen Europa und der Türkei große kulturelle Unterschiede sehen (*Kultur*). Um abzuwägen, inwiefern die Vorstellung, dass für die EU das Christentum grundlegend sei, eine ablehnende Stellung zum Beitritt der Türkei begünstigt, wird eine „Dummy-Variable für Christen gebildet (*Christ*)" (Schoen 2008, 74).

Um die Rolle eines „kulturalistisch-exklusiven Nationenverständnisses"(Schoen 2008,75) zu untersuchen, wird ein „Summenindex" gestaltet, der sammelt, inwiefern eine Person um die deutsche Kultur und die Sprache fürchtet (*Nationale Kultur*). Diese Vorstellung sollte sich negativ auf die Zustimmung zu einem Türkeibeitritt niederschlagen, und zwar um so stärker, je intensiver sich eine Person „mit Deutschland verbunden fühlt (Nationale Bindung)" (Schoen 2008,75).

Eine zusätzliche Variable misst, in welchem Maße ein Befragter einen Türkeibeitritt in Hinblick auf die vermutete Zunahme von Zuwanderungsströmen aus der Türkei in die am meisten entwickelten Staaten der EU einschätzt (*Immigration*). Dabei wäre eine negative Wirkung auf die Zustimmung zum Beitritt zu erwarten. Ferner misst di Variable *Verjüngung*, ob die Befragten meinen, dass ein Beitritt die Verjüngung der alternden europäischen Bevölkerung fördern würde. In diesem Zusammenhang sollte eine positive Nachwirkung auftreten. Entsprechendes wird für den Summenindex erwartet, der misst, ob der Befragte mit dem Türkeibeitritt das gegenseitige Verständnis für europäische und morgenländische Werte wachsen sieht und die regionale Sicherheit als gefestigt wahrnimmt (Schoen 2008,75).

11

Um die Rolle von „Elitenheuristiken" (Schoen 2008,76) für die Meinungsgestaltung zum Beitritt der Türkei zu forschen, wird die Frage nach dem Vertrauen der Befragten zur Bundesregierung benützt (*Bundesregierung*). Befragte, die mit der rot-grünen Regierung sympathisieren, sollten den Beitritt der Türkei unterstützen, während die Gegner der Regierung ihn ablehnen sollten. Zusätzlich zu diesen Variablen werden das Alter, Geschlecht, ideologische Einstellung und die Bildung als Kontrollvariablen in der Analyse berücksichtigt (Schoen 2008, 75).

Die Untersuchungen werden getrennt für West- und Ostdeutschland durchgeführt. Denn unterschiedliche Erfahrungen und Abweichungen in der Zeitspanne der Befragung könnten dafür sorgen, dass die Ostdeutschen unterschiedliche Überlegungen bezüglich eines möglichen Beitritts der Türkei in die EU haben als die Westdeutschen. In den alten Bundesländern* leben mehr Türken, sodass mehr Westdeutsche als Ostdeutsche direkte Erfahrungen mit Türken haben und sensibler auf erwartete Zuwanderungsströme aus der Türkei reagieren könnten als Ostdeutsche (Schoen 2008,76).

4.3. Empirische Ergebnisse

Den Endergebnissen der Eurobarometer-Umfragen aus dem Jahr 2006 zufolge steht die große Mehrheit der Deutschen der Aufnahme der Türkei in die EU ausgesprochen skeptisch gegenüber. Die Grafik zeigt die unterschiedlichen Einstellungen und Meinungsverschiedenheiten der Deutschen und Europäer zur Türkei unter besonderer Berücksichtigung bestimmter Referenzmaßstäbe. Was die

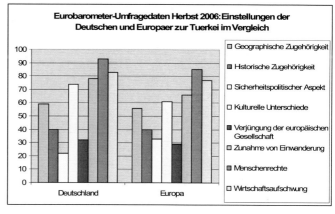

Abb. 1: Eurobarometer-Umfragedaten Herbst 2006: Einstellungen der Deutschen und Europäer zur Türkei im Vergleich
Quelle: eigene Darstellung

---

*Der Begriff Alte Bundesländer umfasst die Bundesländer der Bundesrepublik Deutschland (Westdeutschland) vor der Wiedervereinigung 1990 mit der ehemaligen Deutschen Demokratischen Republik

geographische Zugehörigkeit der Türkei zu Europa angeht, finden 56% der Europäer und 59% der Deutschen, dass die Türkei zumindest zum Teil zu Europa gehört. Eine Minderheit der Deutschen

(40%) und der Europäer (ebenfalls 40%) meint, dass die Türkei aufgrund ihrer Geschichte zum Teil zu Europa gehört (Eurobarometer 66 Herbst 2006, 26).

In der Mehrheit rechnen die Befragten nicht mit vorteilhaften Auswirkungen eines Beitritts der Türkei hinsichtlich der regionalen Sicherheit und des wechselseitigen Verständnisses für europäische und muslimische Werte (Schoen 2008,77). Dass eine Aufnahme der Türkei die sicherheitspolitische Situation in der Region positiv beeinflussen würde, glauben europaweit 33% der Befragten, während nur noch 22% der Deutschen davon überzeugt sind (Eurobarometer 66 Herbst 2006, 26). Was die kulturellen Unterschiede anbelangt werden in vielen Ländern starke Befürchtungen bezüglich wesentlicher kultureller Abweichungen zwischen der EU und der Türkei gehegt. Wie die Grafik zeigt teilen diese Befürchtungen 74% der Befragten in Deutschland, die glauben, dass ihrer Einschätzung nach die kulturellen Unterschiede gegen eine Aufnahme der Türkei sprechen. Europaweit meinen das 61% in derselben Weise (Eurobarometer 66 Herbst 2006, 27).

Vermutete Folgen eines Beitritts der Türkei im Hinblick auf die zunehmende Alterung der EU-Bevölkerung scheinen für die Aufnahmeentscheidung west- und ostdeutscher Befragten relativ relevant zu sein (Schoen 2008, 85). In Anbetracht der demographischen Probleme der alternden europäischen Bevölkerung ist vielmals darauf hingewiesen worden, ein Beitritt der Türkei könne zu einer Verjüngung europäischer gesellschaftlicher Strukturen. Trotzdem sehen nur 32% der Befragten in Deutschland die Aufnahme der Türkei als Lösung für die demographische Überalterung Europas (Eurobarometer 66 Herbst 2006, 27). Ebenso überwiegt Skepsis hinsichtlich der Effekte vermuteter

Tabelle 3: Determinanten der Einstellungen zu einem EU-Beitritt der Türkei in West- und Ostdeutschland im Frühjahr 2005 – Gesamtmodelle (binär logistische Regressionen)

	West	Ost
Nationale Kultur	—	-0.14 (0.23)
Nationale Bindung	—	0.08 (0.15)
Nationale Kultur × Nationale Bindung	—	0.12 (0.16)
Christ	0.10 (0.33)	—
Kultur	-0.78** (0.20)	1.29** (0.26)
Kultur × Europabindung	0.10 (0.20)	—
Geschichte	-0.73** (0.19)	—
Geografie	0.01 (0.21)	-0.21 (0.20)
Bundesregierung	0.07 (0.33)	0.02 (0.43)
Politische Union	0.85 (0.45)	—
EU-Erweiterung	1.48** (0.36)	1.48** (0.39)
Immigration	-0.56** (0.16)	-0.05 (0.22)
Sicherheit	1.45** (0.22)	1.51** (0.30)
Konstante	-2.99** (0.52)	-2.32** (0.32)
Korr. Pseudo-R²	0.55	0.48
N	731	411

Anmerkungen: Angegeben sind unstandardisierte Logitkoeffizienten, in Klammern robuste Standardfehler. Signifikanzniveaus: * p < 0.05; ** p < 0.01. Unter Einbeziehung eines linearen Europabindungsterms in die westdeutsche Regressionsgleichung ändern sich die Ergebnisse nur marginal.
Quelle: eigene Berechnungen.

Abb.2: Determinanten der Einstellungen zu einem EU-Beitritt der Tuerkei in West- und Ostdeutschland im Frühjahr 2005- Gesamtmodelle (binär logistische Regressionen)
Quelle: Schoen, Harald (2008). Die Deutschen und die Türkeifrage: eine Analyse der Einstellungen zum Antrag der Türkei auf Mitgliedschaft in der Europaeischen Union, in: Politische Vierteljahresschrift, März 2008, 49/2008, 68-91

13

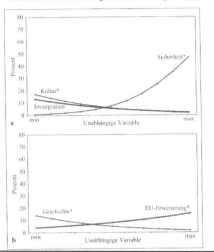

Zuwanderungsströme, die der Beitritt der Türkei zur EU mit sich bringen könnte. 78% der Deutschen befürchten eine Zunahme der Immigrationswelle aus der Türkei. In den neuen Ländern Deutschlands spielt die Frage der Immigrantenströme bei der Meinungsbildung kaum eine Rolle, in den alten Ländern fällt dieses Argument durchaus ins Gewicht wie die Abbildung 2 zeigt (Schoen 2008, 84).

Abb.3: Determinanten der Einstellungen zu einem EU-Beitritt der Tuerkei in West- und Ostdeutschland im Frühjahr 2005-Gesamtmodelle (binär logistische Regressionen)
Quelle: Schoen, Harald (2008), ebenda

Die Abbildung 3 (Teil a) zeigt, wie in Westdeutschland die Zustimmung mit zunehmender Überzeugung, dass ein Beitritt der Türkei zu wachsenden türkischen Einwanderungsströmen führen könnte, leicht absinkt. Dieser Unterschied zwischen Ost- und Westdeutschen könnte darauf hinweisen, „[…]dass die Deutschen beitrittsbedingte Immigration im Westen, nicht aber im Osten als realistische Möglichkeit ansehen. Eine Ursache dafür könnte sein, dass ihnen die alten Bundesländer für türkische Zuwanderer als wesentlich attraktiver erscheinen als die neuen- etwa mit Blick auf die bereits existierenden türkischen Gemeinden und daraus resultierende Kettenmigration[...]"(Schoen 2008, 85).

Was die Situation der Menschenrechte anbelangt sind 93% der Deutschen davon überzeugt, die Türkei müsse noch weitere Fortschritte und Verbesserungen im Bereich der Menschenrechte erreichen. 85% der Europäer teilen diese Meinung. Bezüglich der wirtschaftlichen Lage sind 83% der Befragten in Deutschland der Meinung, dass die Türkei- trotz der bedeutenden ökonomischen Reformen und sich daraus ergebender Erfolge- weit reichende Fortschritte in wirtschaftlicher Hinsicht erreichen sollte (Eurobarometer 66 Herbst 2006, 27).

Zusätzlich zu diesen substanziellen Variablen tragen sogenannte Kontrollvariablen in unterschiedlichem Maße zur Erklärung der Urteile und Einstellungen der Deutschen über die Türkeifrage bei. Sowohl in Ostdeutschland als auch in Westdeutschland stehen die Frauen diesem Erweiterungsschritt tendenziell weniger skeptisch gegenüber als Männer. Mit wachsendem Lebensalter sinkt die Zustimmung zum Beitritt der Türkei in Westdeutschland tendenziell, im Osten

statistisch signifikant ab. Die Bildung hat einen gewissen Einfluss auf die Einstellungen der Deutschen zur Türkeifrage überwiegend in den neuen Ländern. Personen mit geringer Bildungskarriere erweisen sich als besonders aufnahmewillig. Die ideologische Einstellung schließlich scheint keine Wirkung auf die Haltung zur Aufnahme der Türkei zu haben.

5. Schlussfolgerungen

Die Türkeifrage scheint für die EU keine rein „technische" Frage zu sein. Die Debatte der türkischen Mitgliedschaft ist ein emotionsgeladenes und diskussionsbedürftiges Thema und nimmt aus diesem Grund einen Sonderplatz in der Integrationsgeschichte Europas ein, abgesehen davon, ob die Türkei der EU beitreten wird oder nicht. Die Vorstellung der Für- und Gegenargumente im Rahmen der öffentlichen Debatte in Deutschland hat gezeigt, wie breit die öffentliche Polemik in Deutschland angelegt ist, und dass außen- und europabezogene Fragen immer sehr stark auch im innen- und parteipolitischen Kreis ausgeprägt sind.

Bei näherer Betrachtung der Argumente, die für und gegen einen Betritt der Türkei vorgebracht werden, würde sich der Verdacht aufdrängen, dass die geführten Diskurse nur partiell den realen Gegenstand des Beitrittsgesuchs zum tatsächlichen Thema haben. Hinter allem erkennbaren Aussagegehalt der Einstellungen taucht eine andere Ebene auf, die einen viel weiteren, grundsätzlicheren Problemhorizont in den Vordergrund rückt, und zwar die Kernfrage nach dem Entwicklungsstatus und Entwicklungspotenzial des europäischen Integrationsprozesses und der europäischen Identität sowie die hoch umstrittene Finalitätsfrage der EU.

In der Türkeidebatte schlägt sich das „Versäumnis" nieder, dass Europa keine klare Vorstellung darüber hat, wo seine Grenzen gezogen werden müssen, wie es sich definieren und welche Stellung es in der internationalen Arena einnehmen will. Die Debatte um die europäische Identität der Türkei ist sowohl eine Türkeifrage als auch eine Diskussion über die Finalität der EU.

Die angeführte Analyse und die in der Debatte über eine EU- Mitgliedschaft der Türkei vorgebrachten Positionen weisen darauf hin, dass sich gegen alle Argumente pro und kontra Beitritt „Einwendungen" vorbringen lassen. Meiner Ansicht nach gibt es in dieser umstrittenen Frage aus wissenschaftlicher Perspektive keine„objektiv richtige Antwort", wie Heinz Kramer zu Recht schreibt.

Die brisante Debatte um den Beitritt der Türkei wirft auch die Frage auf, inwiefern sich eine europäische Öffentlichkeit entwickelt hat und in welchem Maße dieses Thema eine gewisse mediale Resonanz gefunden hat. Für lange Zeit haben Öffentlichkeit, politische Bewegungen, Zivilgesellschaft und die europäische Medienlandschaft nur ein relativ geringes Interesse an dem

Thema der Türkeifrage gezeigt. Erst seit der Entschließung des Kopenhagener Gipfels im Dezember 2002 und der Stellungnahme des Konventspräsidenten Valéry Giscard d'Estaing - anlässlich eines Interviews mit *Le Monde-* scheint die Türkeifrage ein europaweites Interesse erregt und „ quer durch Europa gewisse mediale Beachtung" (Pausch 2003, 163) gefunden zu haben. Anhand der Herausförderungen, die die Frage der Aufnahme der Türkei in die EU mit sich gebracht hat und noch bringt, werden auch weitere wesentliche Problematiken und europabezogene Themen in den Vordergrund gerückt, die es im Rahmen der Debatte neu zu überdenken gilt. Themen wie die europäische Identität, das politische Projekt Europas, die zukünftige Gestalt der Europäischen Union und ihre Grenzen stehen zur Diskussion. Eine die Türkei einschließende EU-Erweiterung scheint daher andere weiterführende Fragen wie zur Notwendigkeit eines verbesserten europaweiten Informationsnetzwerkes und zur Bedeutung einer europäischen Öffentlichkeit in den Mittelpunkt zu rücken.

16

LITERATURVERZEICHNIS

Bücher

Jochen, Walter (2008). Die Türkei – Das Ding auf ‚der Schwelle'. (De-)Konstruktionen der Grenzen Europas. Wiesbaden: VS Verlag für Sozialwissenschaften

Beiträge aus Sammelwerken

Große Hüttmann, Martin (2005). „Die Türkei ist anders als Europa": Die öffentliche Debatte um einen EU-Beitritt der Türkei in Deutschland, in: *Giannakopoulos, Angelos/Maras,* Konstadinos (Hrsg.): die Türkei-Debatte in Europa. Wiesbaden: VS Verlag für Sozialwissenschaften, 35-47

Leggewie, Claus (2004). Die Türkei in die Europäische Union? Zu den Positionen einer Debatte, in Ders. (Hrsg.): Die Türkei und Europa. Die Positionen. Frankfurt am Main, 11

Beiträge aus wissenschaftlichen Zeitschriften

Entman, Robert M. (1993). Framing. Toward Clarification of a Fractured Paradigm, in: Journal of Communication, Vol.43, No.4, 51-58, abgerufen von der Internet-Homepage von Questia: *http://www.questia.com/googleScholar.qst?docId=96440060* (25.6.2009)

Golz, Peter (2003). Die letzte Chance für ein vereintes Europa, in: Aus Politik und Zeitgeschichte, B 1-2, 2003, 6

Schoen, Harald (2008). Die Deutschen und die Türkeifrage: eine Analyse der Einstellungen zum Antrag der Türkei auf Mitgliedschaft in der Europaeischen Union, in: Politische Vierteljahresschrift, März 2008, 49/2008, 68-91

Steinbach, Udo (2000). Der EU-Beitritt der Türkei. Pro: Sicherheitspolitischer Stabilitätsfaktor, in Internationale Politik, 3/2000, 55-59

Steinbach, Udo (2004). Die Türkei und die EU. Die Geschichte richtig lesen, in Aus Politik und Zeitgeschichte, B 33-34/2004, 3-5

Beitrag vom Bundesverband der Deutschen Industrie

Bundesverband der Deutschen Industrie (2002). Positionspapier. Fünf gute Gründe für eine klare europäische Perspektive der Türkei, abgerufen von der Internet-Homepage von Bundesverband

17

der   Deutschen   Industrie: *http://www.bdi-online.de/BDIONLINE_INEAASP/iFILE.dll/X95C808D09DF8451C9EB5B3B1937DAAFF/2F25 2102116711D5A9C0009027D62C80/PDF/Papier.PDF* (23.6.2009)

Beiträge von politikwissenschaftlichen Think Tanks

Kramer, Heinz (2003). EU-kompatibel oder nicht? Zur Debatte um die Mitgliedschaft der Türkei in der Europäischen Union, SWP-Studie, Berlin, August 2003, 20, abgerufen von der Internet-Homepage   der   Stiftung   Wissenschaft   und   Politik: *http://www.swp-berlin.org/common/get_document.php?asset_id=155* (24.6.2009)

Dissertationen

Pausch, Markus (2003). Auf dem Weg zu einer europäischen Öffentlichkeit? Perspektive einer Demokratisierung der Europäischen Union. Dissertation zur Erlangung eines Doktorgrades an der Geisteswissenschaftlichen Fakultät der Universität Salzburg.

Eurobarometerdaten

Eurobarometer 66 (Herbst 2006). Die öffentliche Meinung in der Europäischen Union. Nationaler Bericht Deutschland, abgerufen von der Internet-Homepage der Europäischen Union: *http://ec.europa.eu/deutschland/pdf/european_agenda/eurobarometer_herbst_2006.pdf* (01.07.2009)

Wortmeldung aus einem Stenographischen Bericht des Deutschen Bundestages

Bury, Hans Martin (2002). Wortmeldung, in: Stenographischer Bericht des Deutschen Bundestages, 16.Wahlperiode, 16.Sitzung 19.12.2002, abgerufen von der Internet-Homepage des Deutschen Bundestages: *http://dip21.bundestag.de/dip21/btp/15/15016.pdf* (07.07.2009)

Zeitungskommentare

Beste, Ralf/ *Doerry*, Martin/ *Steingart*, Gabor (2004). Alptraum von Gewalt, in Spiegel, 19/2004 vom   3.5.2004,   44,   abgerufen   von   der   Internet-Homepage   von   Spiegel: *http://wissen.spiegel.de/wissen/dokument/dokument.html?id=30748390&top=SPIEGEL* (30.6.2009)

Prantl, Heribert (2004). Ein 780.576 Quadratkilometer großes Kopftuch, in Süddeutsche Zeitung, 15.5.2004, 13, zitiert nach: Internet-Homepage von Library Society of Control: *http://www.societyofcontrol.com/library/_p-t/prantl_tuerkei_kopftuch_und_eu.txt* (01.07.2009)